一陽来福

神人

野草社

あなたの人生を幸せに変える言葉があります

出会いには必ず意味があり

必要であるからこそ出会うものです

そして出会いとは用意されていたものでもあります

この書との出会いがまさに

転機の始まりであることを心より願っています

みなうれしうれしたのしたのし

かわるかわるありがたいありがたい

神人 拝

CONTENTS

Ⅱ 気づき
33

Ⅲ 変わる
61

一陽来福

I

知る

知ることは 理解を 求められることでもあります

知ることで 悩み苦しみ葛藤することもあります

知ることは 経験をすることなのです

人は経験するからこそ成長してゆきます

知ることは 新しい自分の始まりです

自分にできること

できないことを考えるよりも
できることをひとつひとつ考えてみましょう
できることをもっともっと
できるようになるために
計画を立て言葉にあらわし行動に換《か》えてみましょう
焦《あせ》らず集中して
できることを磨《みが》き続けてみましょう

ひとつだけでも良いから
磨き続けられるものがあれば
必ず生きる喜びへと変わってゆきます

継続は力となり　輝きを放《はな》ちながら
幸福をもたらすことでしょう

だから〝自分には何もない〟と
思い込むことはもうやめましょう

この世の中には何もない人なんて
初めからどこにも存在していないのだから
自分を卑下《ひげ》する癖《くせ》は手ばなしましょう

自分にできることを知り理解したならば
これからの自分がおもしろく見えてくるはずです

あなたのすべてを知る

あなたが自分の一番の理解者になることです

過去から現在まで
どんな生き方をして来たのか？
どんな人に出会って来たのか？
何が好きで何が嫌《きら》いで
何を望んでいて何を心配していて
何が苦手で何が得意で

わかってもらいたいことも
隠《かく》しておきたいことも

すばらしいところも醜《みにく》いところも
自慢したいことも情けないところも

真《まこと》も嘘《うそ》も本音《ほんね》も建前《たてまえ》も
良いところも悪いところも
一切すべてを裸《はだか》のまま認めて
あなたが自分の一番の理解者になることです

そして決して卑下《ひげ》し続けることなく
怠慢《たいまん》にあぐらかくことなく　焦《あせ》らず
昨日より今日が　今日より明日が
もっともっと好きな自分になれたら
きっと悔《く》やむことのない人生となるはずです

はぐくむ喜び

あなたは決してひとりではありません
あなたの幸せを願っている存在がいます

孤独感とは思い込みの産物に過ぎません
心の扉を閉じる癖《くせ》を手ばなしましょう

必要に応じた出会いや出来事が
絶妙《ぜつみょう》な瞬間で必ず与えられています

誰も理解してくれないと
あなたが自暴自棄《じぼうじき》になるときは
魔が差し　弱みをいじられているに過ぎません

関係を壊《こわ》し終わらせることは簡単な選択です
はぐくむことはとても難しいものです
誰とでもたやすくできることではありません
だからはぐくむことは貴《とおと》いことなのです

わたしたちは　ひとつひとつはぐくむ喜びを
苦しみをともないながら学ばせてもらっています

人生とは喜びを得るために学び続けることです

あなたの好きなことは？

好きな言葉　好きな物　好きな場所　好きな人
好きな音　好きな香り　好きな味　好きな……

好きになれるということはひとつの才能です

好きであるならば誰よりも好きになり
徹底的に追求して専門的になれれば
人々にも認められるようになるのです
それは説得力にも変わり
ひとつの道を極《きわ》めた人として
ひとつの世界が確立されます

自分の好きなことや自分の特性を理解して
自分に与えられたものを認める勇気を持ち
自分にとっての喜びを磨《みが》き続けることは
人々にとっても喜びに繋《つな》がります

あなたにとって好きなことは何ですか？

あなたの未来

未来は思い描《えが》くことから始まります
未来は生み出されるものです
未来ははぐくまれてゆくものです
未来は決して決まってなんかいません
未来はどのようにでも変えられるものです

誰だって自分の人生を思いのままに
変幻自在《へんげんじざい》に作り出すことが可能です

まずは知ることです
いま自分に何が必要なのか？
どうすれば良いかをじっくり考えて
そして勇気を持って思いを言葉に変えることです
あとはひたすら有言実行し続けることです

思い描いた未来が
次々とあらわれ始めてきます
夢は自分で叶《かな》えてゆくものです

思う言う行う叶う喜ぶ祈る
すばらしい未来があなたを待っています
さあ想像してごらんなさい

本物を知る

本物は本物に引き寄せられます
偽物《にせもの》は偽物に引き寄せられます
自分に見合うものに引き寄せられるのです

あなたが騙《だま》されるのは
騙される必要があったからです
あなたが見極《みきわ》められないのは
経験不足であったからであり
固定観念が強かったからであり
価値観がせまかったからなのです

心の鏡がくもっていては
いつまでたっても真実の姿は見えないものです

小さな自我《じが》を手ばなして俯瞰《ふかん》する自分を養《やしな》うことです
見極めることができる柔軟《じゅうなん》な大きな心を養うことです
そのためには改心《かいしん》し頭を下げることから学ぶことです

負の感情と思い込みと慢心《まんしん》が心をくもらせます

本物と偽物を見極めるためには
あなたが本物になれば良いのです
本物が解《わか》る本物になりましょう

思いやる心

愛されたい認められたい幸せになりたい
誰もが望むものです

そのためにはどうすれば良いのでしょうか？

自分ではない自分になろうとしないことです
他より優《すぐ》れた特別な者になろうとしないことです

「わたしを愛しなさい」
「わたしを理解しなさい」
「わたしを認めなさい」
それは自分は他より優れていると
相手に認めさせたい
自己顕示欲《じこけんじよく》のあらわれに過ぎません
優劣《ゆうれつ》をつけて人を判断しているに過ぎません

だから相手は不快になり
いつまでもあなたは
愛されない認められない
幸せになれないのです

ではどうすれば良いのか？

もっと他を大切にすることです
相手に理解を求めるばかりではなく
相手を思いやれる自分をはぐくむことです

思うだけではなく
押し付けがましくなくいやしくなく
言葉に換《か》え行動に換えて
他に対して心から優しく接することです

他に求めるばかりの幼児性からは
もう卒業しましょう

喜びを手にするために

人はそれぞれに日々努力して
頑張《がんば》ったすえに喜びを手にしているものです

喜ぶ人を見て
ねたみながらあら探しをしたり
他の不和《ふわ》や失敗を望むのは
意識の低い嫌《いや》らしい人間に
成り下がっているということです

「ねたみ」とは
充《み》たされぬ切《せつ》なさのあらわれです
他をねたむ自分はやはり醜《みにく》いものです

人をねたみひねくれるのではなく
喜んでいる人の姿を見て
良き気力をいただき
未来の自分と重《かさ》ね合わせて
日々ひたすら努力し
頑張れば良いだけなのです

いつか自分も喜びを手にすることが
できるときが必ず訪れると信じて
前向きに考えましょう

一陽来福

Ⅱ 気づき

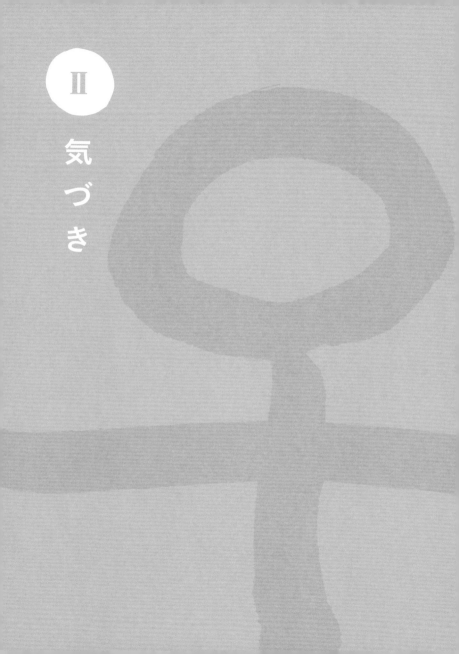

気づくことで省みることができます

気づくからこそ新たに変わることができます

気づくことができず生きてゆく人もいます

あなたはとても恵まれています

気づけるということはとても幸せなことです

言葉は心の鏡

言葉は自分を映《うつ》し出す鏡のようなものです
自分の心にあるから
言葉となってあらわれてきます

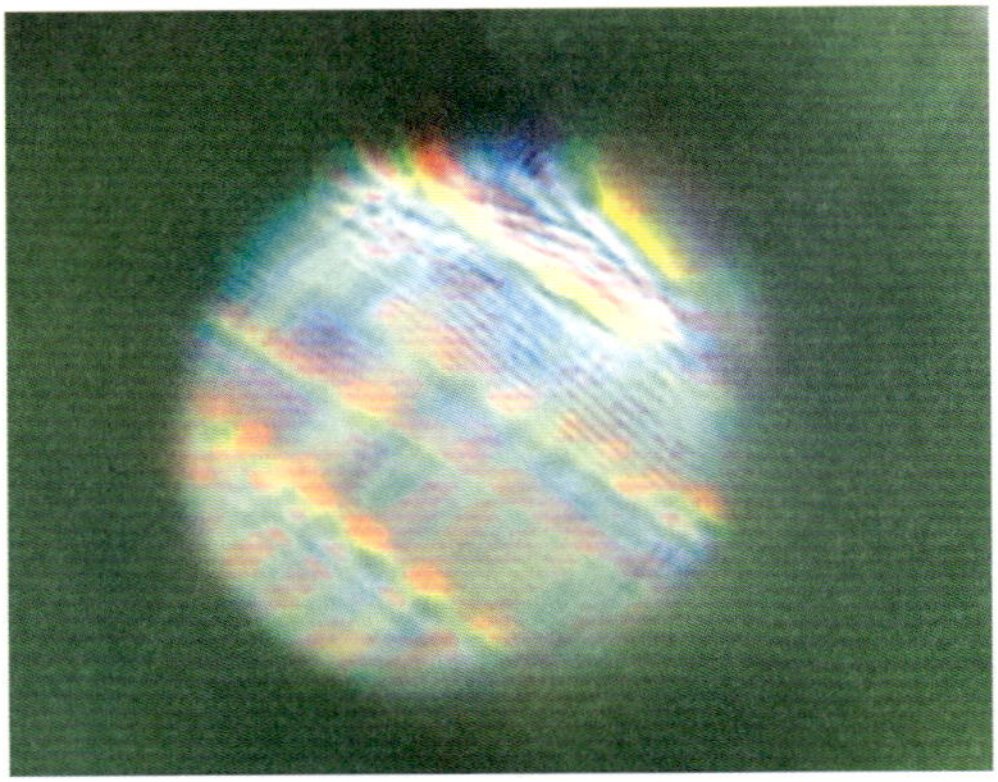

見聞きした言葉は
自分の心のままに感じるままに
感情という色彩《しきさい》で塗《ぬ》られます

嬉《うれ》しい楽しい淋《さび》しい悲しい苦しい
嫌《いや》らしい憎《にく》らしい腹立《はらだ》たしい有り難い……

いまの自分に必要な言葉が
日々与えられます
言葉は自分の心の状態に
感想を述べているようなものです
言葉は自分の心を見聞きする「鏡」です

許すということ

許《ゆる》して欲しいことは誰でもあります
失敗することは誰でもあります
何かをし過ぎることは誰でもあります
わからないことは誰でもあります
甘えたいときは誰でもあります
繰り返してしまうことは誰でもあります
駄目《だめ》なところは誰でもあります
叫《さけ》びたいときは誰でもあります
逃げたくなるときは誰でもあります
自暴自棄《じぼうじき》になるときは誰でもあります
わかってもらいたいことは誰でもあります

だからあなたを許します
そしてわたしをお許しください
お互いにひとつひとつ変わってゆきましょう
これからもよろしくお願いします

そんなふうに心から思えれば良いのです

いま必要な言葉

心に響《ひび》く言葉は限られています

いま響く言葉はいまの自分に響くものであり
過去の自分に響くものではありません
いまだからこそ与えられ感動に変わるものです

日々それぞれに与えられる
いまの自分に必要な言葉が必ずあります

あなたにその言葉が与えられたのは
あなたが理解できる心の準備が整《ととの》ったからです

私たちは日々選択をゆだねられています
あなたはどんな言葉を選びますか

背伸《せの》びしたり偽《いつわ》ったり格好《かっこう》つけなくて良いのです
自分に見合う言葉を選べば良いのです

優《やさ》しい言葉　楽しい言葉　励《はげ》ましの言葉
厳《きび》しい言葉　考えさせられる言葉
心に響く言葉　あなたに必要な言葉
思いがけない瞬間に贈られる言葉

いずれもいまの自分に必要だから与えられる
いまの自分に見合う言葉なのです

想像するということ

想像する力を高めることはとても大切です

どうなりたいのか？
どうなってほしいのか？
どうすればいいのか？

すべては想像することから始まります

誰かに想像させられるのではなく
自分で想像してみることです
あなたの未来は
あなたが想像することです

想像とは創造《そうぞう》することでもあります
未来は自分で創《つく》るものです
お互い素晴《すば》らしい未来を想像しましょう

ていねいに紡ぐ言葉

言葉はエネルギーです
言葉は心のあらわれです
言葉は人としての品格《ひんかく》です
言葉は自他を繋《つな》ぐ架《か》け橋です
言葉は未来を生み出す種です

だから言葉選びはとても大切です

真理《しんり》を伝えるためには配慮《はいりょ》が必要です
配慮のない言動《げんどう》は
心を傷つける暴力になります

自己中心的で傲慢《ごうまん》な表現にならないように
他に伝えさせていただけることに感謝しながら
ひとつひとつていねいに言葉を紡《つむ》ぐことが
日々の課題であり人間関係における学びです

ひとり旅のすすめ

もしもあなたが頑張《がんば》って頑張って
それでもどうしようもなく苦しくなったら
ひとり旅をすれば良いです

自分へのごほうびのつもりで
時間やお金や人のことは考えず
どこでも良いから初めての場所へ

ひとつひとついろんな景色を眺《なが》めて
いろんな人や動物や植物を見て
いろんな物を食べて飲んで遊んで
みんなそれぞれに生きていることを
それぞれの価値観があるということを
ただ身体で感じてみれば良いのです

無理に話さなくて良い
無理に笑わなくて良い
無理に頑張らなくても良い
後ろだけは振り返らずただゆっくりと
思うままにひとり旅をすれば良いのです
知らない世界をのぞいてみながら
新しい可能性を感じてみれば良いのです

あなたが病《やまい》になって苦しむより
死んで誰かを悲しませるより
気ままなひとり旅に出かける方が良いのです

旅は必ず何かを教えてくれますから
あなたを良き道へと導《みちび》いてくれますから
そして思ってもみなかったような
素敵《すてき》な贈り物を用意して待っていてくれますから

ひとり旅をすれば良いのです

異なる価値観

他《た》の話はとてもおもしろいものです
自分と異なる体験や価値観から出た話ですから
新たな視野を広げてくれます

利己《りこ》主義な人は他の話は聞かないものです
自分の価値観ばかりを押しつけて
他より学ぶ喜びを理解していないからです

真《まこと》の財産とは体験です
体験の中には他との出会いがあります
出会いには自分と異なる価値観があります
他の価値観を受け入れることこそが
この世に生まれてきた楽しみのひとつなのです

他の話を聞かないのは
楽しみのひとつを棄《す》てていることと同じです
他は自分に無いものを授《さず》けてくれる
喜びの詰まった宝箱のようなものです

バランス

人生はバランスが大切です

右手ばかりでも左手ばかりでも
右足ばかりでも左足ばかりでも
偏《かたよ》った生き方は
偏った因果が必ずあらわれるものです

宇宙のすべてはバランスが欠けると
必ず苦しみとなる仕組みになっています

健康　仕事　恋愛　家族　友人　趣味　貢献……
できるだけすべてに意識を向けながら
バランスの良い人生を歩むことが望ましい

だから
焦《あせ》らなくて良いのです
競《きそ》わなくて良いのです
ゆっくりで良いのです

周《まわ》りをひとつずつ大切にしながら
喜びとなるバランスを感じながら
自分らしく笑って生きてゆけば良いのです

あなたへ贈る言葉

死ぬ気になれば何でもできるものです
死ぬ気になってがむしゃらにやってみなさい

まだまだあなたは
人生の途中《とちゅう》の一場面を見ているに過ぎません
中途半端《ちゅうとはんぱ》な自分にけじめをつけなければ
死んだとしても後悔《こうかい》の念に苦しみながら
誰も喜ばない愚痴《ぐち》をひとりで呟《つぶや》く因果となります

淋《さび》しい悲しい苦しいむなしいいねたましい
魔が囁《ささや》く不快な感情は
一面的なまやかしの妄想《もうそう》に過ぎません
好き勝手な思い込みに過ぎません

未来はとても素晴《すば》らしいものです
いろいろな良き出会いが点在しています
いまのあなたの状況からは
想像することができないかもしれませんが
未来にはたくさんの喜びが
あなたを驚かせようと隠《かく》れながら待ち続けています

だからいまは精一杯悩みもがきながら
一歩一歩前に進めば良いのです
騙《だま》されたと思って開き直って笑いながら
ひたすら未来を信じて生きれば良いのです

「信じる者は救われる」
諦《あき》めず努力し続けることです
歩き続けたらいつか必ず辿《たど》り着きます
いつか必ず心から笑える日が来ます

いまのあなたに一番届けたい言葉であり
未来のあなたから過去のあなたへと贈る言葉です

一陽来福

Ⅲ 変わる

変わることは不安ですがとてもうれしいことです

変わることは進化してゆくということです

変わることで新しい世界が見えてきます

この宇宙には変わらないものなど存在しないのです

変わるためにみんな存在しているのです

生まれ変わるということ

苦しい状況にある人は
世の中にはたくさんいます

幸せそうに見えても
苦しい状況を見せない人もいます
満面の笑みを見せている人でも
いまの喜びに至《いた》るまでには
人知れぬ苦しい歳月を経て
ようやく笑顔になれた人も
世の中にはたくさんいます

人には必ず過去という背景があり
ドラマが隠《かく》されているものです

人間は何度も生まれ変わり
より喜びへと変わり続ける仕組みの中に存在しています

幾《いく》つもの生の繋《つな》がりを線とするならば
今生《こんじょう》はその中の点に過ぎないのです
過去　現在　未来
長い目でみた生き方ができれば幸いです

人生の選択

人生に無《む》駄《だ》なことなんて
何ひとつとして無いのです

すべての点と点が線として結ばれてゆき
出会いとなり学びとなって
因果関係を作り出していきます

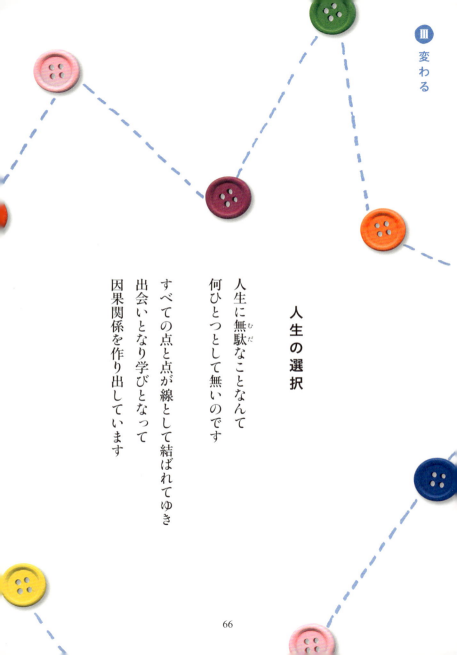

そのときのあなたが選んだことは
そのときのあなたにとって必要だったことであり
そのときのあなたの課題だったからです

答えは常に
「そのときの自分の気持ちに従う」
ことです

喜怒哀楽《きどあいらく》すべての感情が元になって
あなたに見合う現象としてあらわれてきます

だからすべては自己責任において
苦しみなさい
泣きなさい
怒《いか》りなさい
笑いなさい
すべてを受け入れなさい

そしてまたひたすら
生きてゆけば良いのです

あなたはあなたらしく
変わり続ける運命にあるのだから

変わり続けること

やりたいと思うことをやる
会いたいと思う人に会う
行きたいと思う所に行く
作りたいと思う物を作る

その結果うれしくなり楽しくなります
何もしないうちから悩み続けないで
まずは前に進めば良いのです
前に進めばさらに前が見えてきます
進むほどに次の景色があらわれてきます
進んだ人にしか見えない景色があります

立ち止まり続けることは
決して喜びではないのです
動かないで居《い》続けることは苦しいものです
変わらないで在《あ》り続けることはできないのです

この世に生まれ生きる目的とは
変わり続けるためです
すべては変化を求めて存在するのです
移り変わる季節のように
宇宙そのものが無限変化《むげんへんか》の法則です

だからいつまでも悩まないで
自分が思うままに進めば良いのです

同じことをしていても喜びにはなりません
昨日とは違う変化を望むことです
たとえそれが小さな変化でも良いのです
昨日とは違う変化には変わりがないのだから

ただひたすらに喜びを感じるままに
自《みずか》らの意思で変化を望んでゆけば良いのです
「自らの意思で変わる！」
ということがとても大切なのです

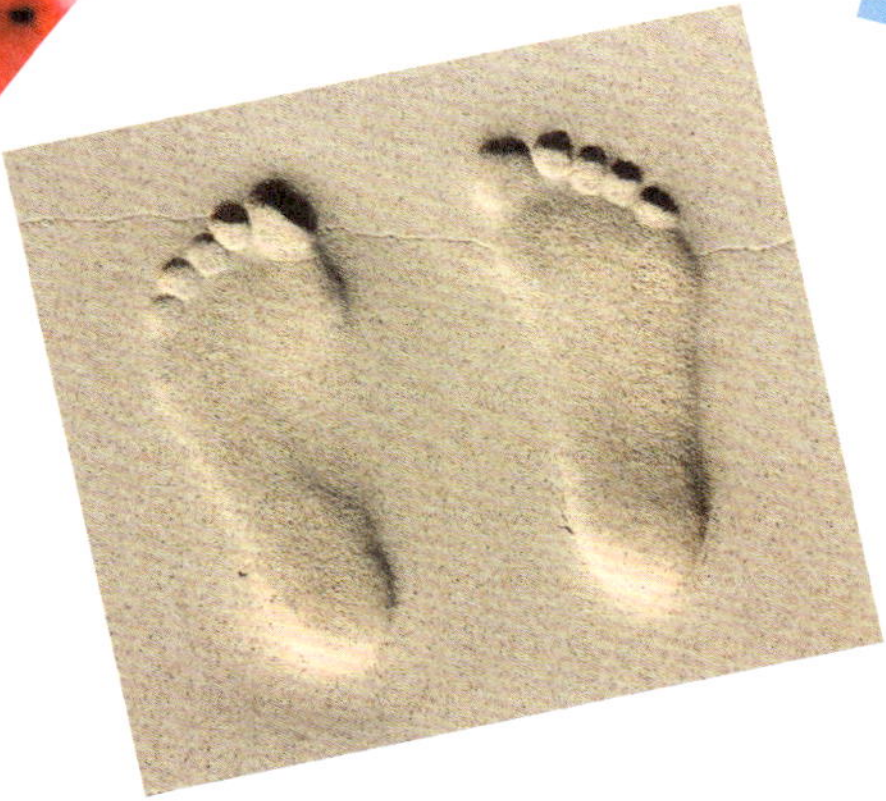

変化を楽しむ

前を見ましょう
一歩一歩未来に向かって歩きましょう
楽しいことが待っています
あなたのことを待っています

時折左右を見てみましょう
いろいろな人たちが生きていて
いろいろな生き方があることを知るから

時折上下を見てみましょう
あなたがまだ理解できない世界があり
あなたは生かされていることを知るから

生きることは時間を使うことです
どこを見て歩いても良いけれど
立ち止まって後ろを振り返るのは
まだ先の話で良いのです

なぜなら日々変化の中に
あなたは生きているのだから
いまの変化を楽しめば良いのです

過去にとらわれない

いまのあなたとは過去のあなたとは違います
だから過去の自分と同じように考えないことです

人間関係も素行《そこう》振る舞いも容姿《ようし》も価値観も
いまのあなたと過去のあなたは
異なるものであることを理解しましょう

だから過去にとらわれなくても良いのです
過去のあなたが経験したことを元に
より良い未来を想像し生み出してゆけば良いのです

人は学びながら変わるものです
変わらないものはないのです
ただ変化が大きいか小さいかの違いがあるだけです

たとえ過去に似たようなことが起きたとしても
過去と同じことはもう起こらないのです
宇宙は〝無限変化の仕組み〟の中にあるからです

恐れないこと　過去にとらわれないこと
あなたの未来はどんどん良くなっているのだから
自分の未来を　良き展開を信じて前に進みなさい
大丈夫　大丈夫　大丈夫‼

本当の自分とは？

生きていることに喜びを感じられないのは
病《やまい》と言えばそれまでのこと
身体のせいにするのは簡単なこと

問題はなぜそうなったのかということです

理由は間違った選択をし続けたからです
本来の自分が喜びと感じる生き方から
離れるような選択をし続けた因果です
自分の一方的な思い込みや執着心《しゅうちゃくしん》
何らかの理由から本心を押し殺して
本来の自分を偽《いつわ》り続けた結果なのです

根本的な解決策は
本当の自分を愛しながら
本来自分が喜びと感じられる生き方に
変えることです

苦しみは
〝改善しなさい〟
という意味なのです

愛するもののために

人は本気になれば別人のように変われるものです
一人の人が命懸《いのちが》けで本気で取り組めば
周りの人たちの心も次々に動かしてゆけるものです

人は愛する人のためならばどのようにでも変わるものです
私利私欲ではない他《た》を愛する強い思いで
命懸けで行動すれば奇跡的なことさえ起こせるものです

愛するもののために生きることが
生きるものすべてにおいて共通の真《まこと》の喜びです
動物の本能には初めから他を愛する力が備《そな》わっています

愛するものが多くなればなるほどに
生きるものはより強く命懸けで生きられるでしょう

真の強さとは
他を愛する思いの強さに等しいものです
家族を故郷を国を世界を地球を愛する思い

だから人は愛するもののために
どのようにでも変わることができるのです

一陽来福

Ⅳ

愛する

愛することでたくさんの喜びを得られます

愛することでたくさん学ばせて頂けます

愛することは視野を広げてゆくことです

人は他と出会い理解し合い

愛し愛され生きてゆきます

愛し愛されるために人は生まれてきたのです

あなたから愛す

誰もが愛されたいものです
誰もが認められたいものです
誰もが仲良くしたいものです

では　どうすれば良いのでしょうか？

誰もが望んでいることならば
まずはあなたが叶《かな》えてあげればいいのです

あなたから相手を
愛しなさい認めなさい良くしてあげなさい
そうすればあなたは
愛され認められ仲良くなれるのです

相手に求めるばかりでは
要求を押しつけるだけの幼児と変わりません

与えるから与えられる
求めるから求められる
嫌《きら》うから嫌われる
無愛想《ぶあいそう》だから無愛想にされる
微笑《ほほえ》むから微笑んでもらえる
ほめるからほめられる
親しくするから親しくなれる

あなたが愛されないのは
あなたが愛そうとしてこなかったから
その因果を見ているに過ぎません

すべてはあなた次第なのです

「愛する」という扉

他《た》を「愛する」という気持ちは
人生に大きな変化をもたらします
「愛する」という気持ちには
喜怒哀楽《きどあいらく》のすべてが詰《つ》まっていて
心を大きく成長させてくれます

自分と異なる存在と出会い惹《ひ》かれながら
少しでも理解できるように接しながら
悩み学び喜び　酸《す》いも甘《あま》いも感じながら
つきあってゆきましょう

自分と違うからこそおもしろいのです

互いの価値感を共有する時間は
はかなくも愛《いと》しい　かけがえのないものです
人生という線の中にある点のような瞬間です

ご縁とは
記憶という宝箱の中で光る
形のない魂と魂の絆《きずな》のようなものです

他を愛するということは
生まれる前から人生に設《もう》けられてあった
新しい喜びに出会うための秘密の扉です

だから他を愛するということは
とても素晴《すば》らしい出来事です

過去の自分

人が好きな人もいます
人が嫌いな人もいます
一人が好きな人もいます
一人が嫌いな人もいます
みんなと仲良くできる人もいます
みんなと仲良くできない人もいます

あなたが過去に思い描《えが》き　望み選んだ未来が
いまひとつひとつ結果としてあらわれています
過去の自分の「映《うつ》し鏡」が現在です

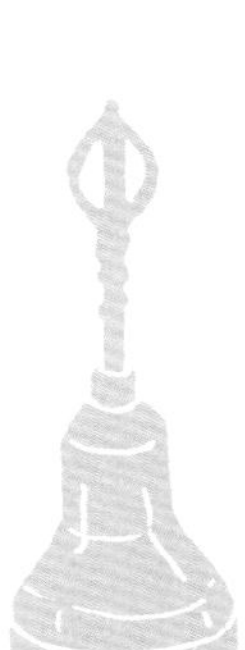

人には良い人も悪い人もいます
気持ちの良い人も悪い人もいます
良きご縁の人も悪《あ》しきご縁の人もいます

人には過去の生があることを
理解することができなければ
因果関係を悟《さと》ることはできないものです

なぜその人と出会ったのか？
なぜその人とそうなったのか？
なぜ自分はこのような者なのか？
すべてには古《いにしえ》より続く長い物語が必ずあります
だから因縁因果の解消がとても大切です

人間関係

人間関係には季節があります

人によって
芽を出す時期も
花を咲かせる時期も
果実をつける時期も
枯れゆく時期も
それぞれにあるものです

縁の浅い深いによって
すべて年月が異なります

出会いという種の中には
芽を出さないものも
花を咲かせないものも
果実をつけないものも
それぞれにあるものです

魂と魂の関係に応じて
良いも悪いも早いも遅いも
有るも無いもすべてに違いがあります

人と人との関係はすべて因果の元に
過去の生より繋《つな》がっている無限の季節の中にあります

自分を笑わせる

笑うことは良いエネルギーを生み出します
良いエネルギーは良い現象を引き寄せます

自分で自分を笑わせるような工夫を日々施《ほどこ》すことは
自分を幸せに導《みちび》く努力をすることに等しいのです

あなたがあなたの幸せを心から望み
あなたがあなたを幸せにしてあげることです

ではどうやって自分を笑わせますか？
自分はどうしたら笑顔になってくれるでしょうか？
どうしたら心から喜んでくれるでしょうか？

笑顔を生み出すことが
日々の課題として与えられています

Ⅳ 愛する

笑いましょう

人は誰でも役目があります
あなたが他《た》を喜ばせたいと思い行動するなら
ひとつひとつが意味のある役目となります

自分には何の役目もないと思っているならば
それは独断《どくだん》と偏見《へんけん》による思い込みに過ぎません
役目のない人や必要のない人など存在しません

人は肉体的な欲求を満たしたならば
次は愛されたいという心の欲求が訪れます
だから他を喜ばせ他のために生きればこそ
他に愛され認められ心は満たされてゆくのです

他に愛されたい認められたいと思うなら
殻《から》に引きこもり他に要求するばかりではなく
まずは自分から心の扉を開けて
不快な表情を手ばなすことです

笑いましょう　笑いましょう
笑うことから始めましょう

笑顔は他を和《なご》ますことができる
目に見える人類共通の愛の形です

一陽来福

V

感謝する

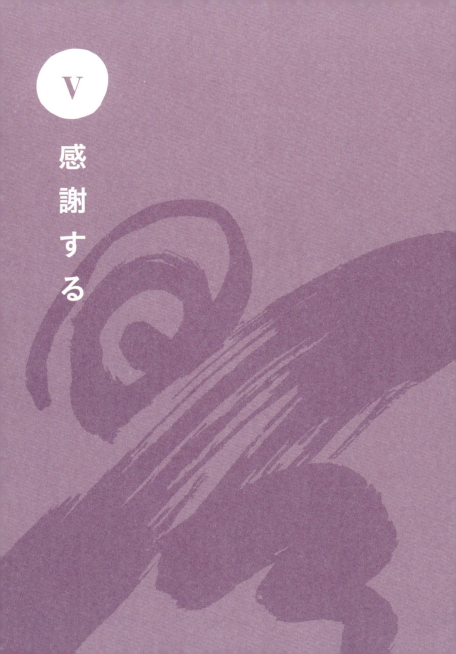

感謝することができたなら人は幸せです

感謝することは理解が深まったということです

感謝することから人生は喜びへと変わってゆきます

世界の平和は理解し合い

感謝し合うことではぐくまれます

感謝する心は人としての真の美しさです

人の気持ち

失敗した経験があるから
失敗した人の気持ちが
よくわかるようになります

病気をした経験があるから
病気の人の気持ちが
よくわかるようになります

寂《さび》しさを知っているから
寂しい人の気持ちが
よくわかるようになります

人の気持ちがわかるようになるために
いろいろな経験をさせていただくのです
酸《す》いも甘《あま》いも善行《ぜんこう》も悪行《あくぎょう》も
すべては人それぞれの学びに応じて
必要だから経験させていただいているのです

わからない愛せない思いやれないのは
人としての人生経験が足りないからです

人は人の気持ちがわかるから
人を愛《いと》おしく思えるようになり
人を許し人を心から愛せる人になれるのです

すべては人生を通じて経験することが大切です
だから生まれ変わり生きることは喜びなのです

頭を下げる

いくつになったとしても
頭を下げて謙虚《けんきょ》に学ばせていただきながら
自分を成長させようとする
向上心《こうじょうしん》を持つことがとても大切です
そうでない人は怠慢《たいまん》となり
人に対して頭を下げられなくなり
陰《かげ》で笑われ嫌《きら》われるようになります

慢心《まんしん》は自《みずか》ら不幸を引き寄せる因果です

心から他《た》に頭を下げることができる人は
他に愛される人になることと同じです
謝罪することも感謝することも礼節《れいせつ》もともない
人に対してどこまでも頭を下げられるなら
たとえ肩書きや名誉財産が少なくとも
人として鏡となり果報者《かほうもの》となります

頭を下げられる生き方を貫《つらぬ》ける人は
真《まこと》の人格者です

自己浄化

自分にとっての「理想の喜びの形」を
毎日見続けることで
目を慣らし
喜びの意識を当たり前にしてゆきましょう

喜び（＝憧《あこが》れ＝理想）が得られれば
喜びの〝想念《そうねん》エネルギー〟が意識に流れ込み続け
喜びがより良い形となって未来にあらわれます

苦しみ（＝見返し＝恨《うら》み）を得ると
苦しみはさらなる苦しみを引き寄せるために
喜びは薄らぎ　結果的に心が満たされません

自分の幸せを妨げている苦しみの要因を
自己浄化しなければ負の連鎖《れんさ》が続くことになります
まずは過去の清算をすることが大切です

苦しみを要因にして生きないこと
苦しみを手ばなす決意をすることです

「○○○をしてごめんなさい」
「○○○されたことを許します」
「○○○となったことに感謝します」

本当に自分が楽になれるまで
何度でも声に出して言うことで
自己浄化を促《うなが》すことができます

思考の種を育てる

あなた自身があなたを否定し諦《あきら》めた時点で
あなたの可能性のひとつが終わるのです
諦めないことがとても大切です

しかし自分の資質を見極められたなら
早めに諦めることも大切です
あなたには別の可能性が必ずあるのですから

思考《しこう》は創造《そうぞう》する種です
未来は思考の結果です

水を注《そそ》ぎ日に当て話しかける
やがて芽を出し成長し蕾《つぼみ》を膨《ふく》らませ
花を咲かせて実をつける
そしてまた次の未来へと広がってゆく

自分という思考の種を育てることです

ひとつひとつの過程はすべて喜びであり
焦《あせ》ることなく変化を楽しみながら
あなたらしい喜びの種をはぐくめば良いのです

すてきな人

身近にいる人をよく見てみましょう
頭から足まで声や仕草《しぐさ》話し方
ちょっとした癖《くせ》までもよく観察してみましょう
その人の好きなところをひとつひとつ
可能な限り言葉に置き換えてみましょう

尊敬できるところ　可愛《かわい》らしいところ　個性的なところ
苦しんでいるところ　助けてあげたいところ
自分にはないおもしろいところ　みんなにも知ってほしいところ

自分はこんなにすてきな人と出会い
今も繋《つな》がっていられると思ってみましょう

すると相手がより一層好きになり　自分もとてもうれしくなり
幸福感が深まってゆくのです

厳しい言葉

「言われるうちが花」です
言われなくなったら
見捨てられたということです
見込みがあるからこそ理解を促《うなが》すために
厳《きび》しい言葉も言われるのです

誰もが褒《ほ》めてもらいたいもの
ありのままの自分を
認めてもらいたいものです

しかし人間が成長するためには
馬鹿にされたり否定されたり怒られたり
厳しい言葉も大切な栄養素として必要です

自分に都合良く相手を悪く言わないこと
足らぬものがあるからこそ言われるのです

耳が痛いのは
自分が理解できているからです
興味が無いのは
自分の意識がまだともなわないからです
腹が立つのは
自分の未熟《みじゅく》さと慢心《まんしん》からです
ありがたくなるのは
自分が成長したからです

すべてが変わってゆく過程にあります
厳しき言葉と出会えることは幸いです
またひとつ成長させてもらえるからです

ありがたいありがたいありがたい

出会いに感謝

出会いには必ず意味があります

人は縁の深い浅い仲が良い悪いに関係なく
再びまた生まれ変わり出会います
転生《てんせい》と再会の仕組みを理解できたら
人は自《おの》ずと人間関係を大切にするようになります

親しき人とはまた親しき関係として
悪《あ》しき人とはまた悪しき関係として
再会したときから過去生の続きが始まるのです

良き関係はより良き関係に
悪しき関係は少しでも良き関係に
因縁因果のままに課題は与えられています
だから過去を改心し誠意を伝える必要があります

過去の過ちをお許し下さい
過去の恩義に感謝します
今生《こんじょう》もまた出会って下さり
どうもありがとうございます

うれしうれしたのしたのしかわるみらいへ

あとがき

この度は本書をお読みいただきありがとうございます。

本書は、これまで私が「今日の一言」と題してWeb上で発表してきたメッセージをまとめたものです。

「今日の一言」は、皆さんの意識をシャーマンである神人が読み取り、いま皆さんが必要としている言葉を見つけ出し、綴ってきたものです。

にわかには信じられない話かもしれませんが、それはまぎれもない「真実」であり、ここに掲載した37の言葉は、皆さんをより良い方向へと導く、神人からのメッセージだと思って下さい。

もちろん、このメッセージは、私が異次元世界の存在から教えられたものであり、シャーマンとして私は、異次元存在と語り合い、現次元世界と異次元世界をつなぐ役目を担っています。

私は、これからも皆さんに「真実を伝えるために生きる」ことを心に決めていますが、本書は私の誠意と覚悟を証明する、記念すべき一冊なのです。

タイトルの「一陽来福」は、中国の古典『易経』にある「一陽来復」をもじり、私が作った言葉で、「悪いことが続いた後は必ず幸運に向かっていく」という意味で使っています。

これまで苦しい思いをされた方々が、本書を読まれることで幸運へと導かれてゆきますことを心より願っています。

最後になりましたが、出版に至るまでご尽力くださいました編集部の内田朋恵さんはじめ、スタッフの皆さんに心より御礼申し上げます。

２０１７年8月

うれしうれしたのしたのしありがたいありがたい　感謝

神人　拝

神人（かみひと）

1969年青森県八戸市生まれ。

京都市在住のシャーマン、ミュージシャン。

チャリティーイベント「地球愛祭り」発起人。

幼少期から数多くの神霊体験をかさね、1998年にいろいろな異次元存在たちとの対話が始まって以来、人生が一変。浄霊・浄化の音魂、「祈り唄」「祭り唄」を中心とするライブ活動を全国各地で行うとともに、日々、異次元存在たちから教わってきた話を元に、「宇宙・地球・神・霊・人・生・死・霊性進化」などをテーマに、真実を伝えるための講演活動を続けている。

2016年11月、異次元存在の霊団から降ろされた「神示」を、『大日月地神示』【前巻】【後巻】として出版した。

ホームページhttp://kamihito.net

写　真：蛯名加奈子

ブックデザイン：山原 望

一陽来福

2017年9月1日　第1版第1刷発行
2023年9月30日　第1版第4刷発行

著　者　神人

発行者　石垣雅設

発行所　野草社
〒113-0034 東京都文京区湯島1-2-5　聖堂前ビル
電話 03-5296-9624
FAX 03-5296-9621
〒437-0127 静岡県袋井市可睡の杜4-1
電話 0538-48-7351
FAX 0538-48-7353

発売元　新泉社
東京都文京区湯島1-2-5　聖堂前ビル
電話 03-5296-9620
FAX 03-5296-9621

印刷・製本　株式会社 東京印書館
製版／高栁 昇

ISBN 978-4-7877-1781-8　C0014